BEI GRIN MACHT SICH IHR WISSEN BEZAHLT

- Wir veröffentlichen Ihre Hausarbeit, Bachelor- und Masterarbeit

- Ihr eigenes eBook und Buch - weltweit in allen wichtigen Shops

- Verdienen Sie an jedem Verkauf

Jetzt bei www.GRIN.com hochladen und kostenlos publizieren

Denis Hellwich

Von der EAI-Strategie zur Umsetzung: Plattform versus Best of Breed

GRIN Verlag

Bibliografische Information der Deutschen Nationalbibliothek:

Die Deutsche Bibliothek verzeichnet diese Publikation in der Deutschen National-
bibliografie; detaillierte bibliografische Daten sind im Internet über http://dnb.d-
nb.de/ abrufbar.

Impressum:

Copyright © 2006 GRIN Verlag GmbH
Druck und Bindung: Books on Demand GmbH, Norderstedt Germany
ISBN: 978-3-638-81634-2

Fachhochschule Ludwigshafen am Rhein

Hochschule für Wirtschaft

Fachbereich III – Internationale Dienstleistungen

Seminararbeit

Von der EAI-Strategie zur Umsetzung:
Plattform versus Best of Breed

vorgelegt von:

Hellwich, Denis

WS 2005/2006

Inhaltsverzeichnis

1 Einleitung

Die technologische Weiterentwicklung sowie der allgemeine Fortschritt eröffnen heutzutage branchenübergreifend allen Unternehmern neue Perspektiven und zwingen sie gleichzeitig unter dem Wettbewerbsdruck zur stetigen Anpassung und Optimierung der eigenen Rahmenbedingungen.

So haben sich im Laufe der Zeit in der Unternehmensarchitektur aus informationstechnologischer Sicht heterogene Landschaften entwickelt, die neue Herausforderungen aufwerfen. Unter anderem auch durch den Electronic-Business-Aspekt hat sich die Notwendigkeit zur ganzheitlichen Integration der eigenen Systeme ergeben, um nicht hinter der Konkurrenz zu bleiben. Die moderne Lösung dieser Herausforderung heißt Enterprise Application Integration (EAI).

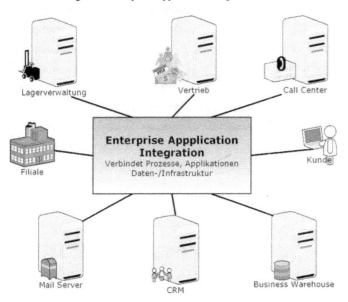

Abbildung 1 – Enterprise Application Integration

Diese Arbeit beschreibt die Anwendung des Konzepts der Enterprise Application Integration von der Strategie bis zur Umsetzung und diskutiert die Bedeutung der damit verbundenen Entscheidungsfrage in der Unternehmensarchitektur: „Komplettlösung in Form einer Plattform oder Kombination der bestmöglichen Einzelkomponenten?"

2 Motivation zur Integration

2.1 Ineffiziente IT-Infrastruktur

In Unternehmen und Organisationen haben sich im Laufe der fortschreitenden technologischen Entwicklung immer mehr verschiedene IT-Systeme etabliert. Kundendaten werden in Datenbanken abgelegt, Geschäftsprozesse werden möglicherweise vom zugekauften ERP-Tool gesteuert, die Buchhaltung durch eine Eigenentwicklung abgewickelt usw.

Durch das beständige Wachstum der IT-Infrastruktur entstehen neue Probleme. Alte und neue Systeme müssen miteinander kommunizieren und Daten bzw. Informationen austauschen können. Neue Standards kommen ständig hinzu, alte werden aber nicht gleichzeitig abgelöst. Alles muss miteinander verbunden werden, um einen reibungslosen Ablauf zu gewährleisten. Da unterschiedlichste Anwendungen zusammenarbeiten müssen, ist die Kopplung über eine Vielzahl von Schnittstellen notwendig. Diese im Zeitablauf gewachsene Point-to-Point-Vernetzung wird häufig auch als „Spaghetti-Architektur" bezeichnet [BERN05, 3]. Die Wartung dieser Schnittstellenmasse ist entsprechend mit erhöhtem Betriebsaufwand und Kosten verbunden. Anbindung von zusätzlichen Komponenten ist sehr arbeitsintensiv, weil hierbei zahlreiche Konnektoren und Adapter (standardisierte Softwareschnittstellen) implementiert werden müssen [LINT00, 8].

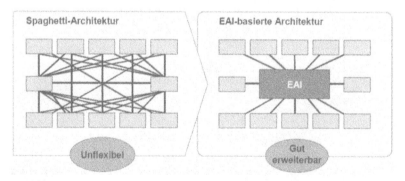

Abbildung 2 – Spaghetti-Architektur vs. EAI-Architektur [BERN05, 3]

2.2   Datenaustausch zwischen Unternehmen

Im Zeitalter des Electronic Business und Electronic Commerce ist der Informationsaustausch mit Externen von entscheidender Bedeutung und wird durch fehlende Kompatibilität heterogener Informationsflusssysteme behindert. Erst eine Konsolidierung der internen IT-Infrastruktur ermöglicht die Ausweitung der Prozesse über Unternehmensgrenzen hinweg zu Lieferanten, Partnern und Kunden [WINK00, 19].

2.3   Unternehmenszusammenschlüsse

Akquisitionen und Fusionen verlangen eine schnelle und zuverlässige Anbindung der hinzugekommenen Hard- und Software zur Vermeidung suboptimalen Einsatzes der Ressourcen und Ausnutzung von Synergieeffekten [WINK00, 22]. Um die Economies of Scope effektiv zu nutzen, ist es mitunter erforderlich ein einheitliches Informationsfundament aufzubauen [KELL02, 13].

2.4   Ziel und Nutzen von Enterprise Application Integration

Enterprise Application Integration, kurz EAI-Produkte sind IT-Lösungen, die es erlauben viele Anwendungen, die nicht für eine Zusammenarbeit entworfen wurden und nur Teilaufgaben in Prozessen abdecken, so zu verknüpfen, dass sie in einheitlichen Geschäftsprozessen gemeinsam agieren. Das Ziel ist es also heterogene Anwendungssysteme eines Unternehmens zu integrieren, damit sie sich möglichst so verhalten, als wären sie von Anfang an konzipiert worden die aktuellen Geschäftsprozesse des Unternehmens ganzheitlich zu unterstützen [KELL02, 5].

Die Einführung einer EAI-Lösung bietet dem Unternehmen u. a. folgende Vorteile [DANG02, 71]

- o **Reduktion der Anzahl der sichtbaren Schnittstellen und dadurch reduzierter Aufwand für Pflege und Wartung der Systemlandschaft**

- o **Einfachere Möglichkeit zur unternehmensübergreifenden Anbindung im Business-to-Business-Bereich (B2B-Integration)**

- o **Höhere Flexibilität und Kompatibilität der IT-Systeme**

- o **Optimierte Prozessgestaltung und Nutzung von Synergieeffekten** o   **Einfachere Anbindung von weiteren Vertriebs- und Servicekanälen**

o   **Vermeidung von Redundanz durch Datenintegration**

o   **Erhöhung der IV-Sicherheit durch Reduktion der potentiellen Angriffspunkte auf zentrale Anwendungskomponenten**

Einen weiteren Vorteil bietet EAI bei der Einrichtung eines Enterprise Portals – einer Webanwendung, die Inhalte, Dienste und Funktionen personalisiert anbietet. Enterprise Portals nutzen Daten und Funktionen anderer, bereits vorhandener Applikationen. Besteht im Vorfeld eine EAI-Infrastruktur mit einer einzigen zentralen Schnittstelle, so fällt es leichter die Dienste dieser Anwendungen dem Portal zur Verfügung zu stellen [HORN05; DANG02, 63].

Ebenso erleichtert die Anwendungsintegration die Einbindung von weiteren Einzellösungen zu einer kombinierten Gesamtlösung nach dem Best-of-Breed-Prinzip, wonach diese Einzelkomponenten als jeweils die Besten auf ihrem Spezialgebiet gelten. Hierbei spielt wieder die reduzierte Anzahl der notwendigen Adapter eine Rolle [WINK00, 31].

3   Phasen der Einführung einer Integrationslösung

Die Einführung einer EAI-Lösung ist eine bedeutende, strategische Entscheidung, die die verschiedenen Organisationseinheiten eines Unternehmens betrifft und zahlreiche betriebsinterne sowie -externe Prozesse tangiert. Methodisches Vorgehen von der Strategie bis zur Umsetzung erleichtert die organisatorische und die praktische Durchführung, da nicht nur technische Aspekte beachtet, sondern auch die involvierten Personen frühzeitig miteinbezogen werden müssen.

Bei der Einführung empfiehlt es sich nach einem Phasenmodell des klassischen Software Engineerings vorzugehen. Der Verlaufsvorgang umfasst die Einzelphasen Strategie, Analyse, Konzeption und Realisierung [VLAC05, 19].

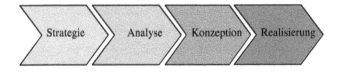

Abbildung 3 – Phasen der Einführung

Jede Phase beinhaltet untergeordnete Aufgaben und Abläufe und schließt jeweils mit einer Dokumentation ab, die als Ausgangsbasis für weitere Vorgänge dient. Die Ausführlichkeit bzw. der Detaillierungsgrad der Dokumente, die bei Bedarf zur Entscheidungsfindung von dem Management herangezogen werden können, wird vorher von Entscheidungsträgern definiert [VLAC05, 21].

3.1   Strategie

Die Startphase *Strategie* zielt auf die Entwicklung einer grundlegenden Integrationsstrategie für das Unternehmen. Diese sollte (auf der Gesamtunternehmensstrategie basierend) ein Bestandteil der IV-Strategie sein, die sich auf übergeordnete Unternehmensziele abstützt. Klar festgelegte Integrationsziele bilden die Grundlage jedes Integrationsvorhabens [KAIB02, 126].

Innerhalb der Strategiephase wird vorausschauend die Organisationsstruktur des Unternehmens erfasst und analysiert. Die in den Integrationsprozess involvierten und von den Veränderungen betroffenen Organisationseinheiten werden zur Erfassung des Ist-Zustandes einbezogen.

Das Endergebnis aller Bemühungen mündet in ein Strategiedokument, das eine eindeutige Empfehlung zur Verwirklichung des Vorhabens einschließt. Es werden demnach Angaben (auf Basis von objektiven, neutralen Untersuchungen) zur Umsetzungsroadmap, Finanzierungsumfang oder Organisation gemacht [VLAC05, 21].

3.2 Analyse

Aufbauend auf der Roadmap aus der vorangegangenen Phase beschäftigt sich die Phase *Analyse* mit der Untersuchung und der Dokumentation der einbezogenen Organisations- und Prozesseinheiten. Um mögliche Verbesserungspotentiale besser identifizieren zu können ist es notwendig die Gesamtheit der Geschäftsprozesse zu untersuchen und die zu integrierenden Systeme in den entsprechenden Teilprozessen abzubilden [KAIB02, 127].

Ausgehend von dem erfassten Status-Quo und der Strategiedefinition werden hier die organisatorischen und die technischen Anforderungen entwickelt und erfasst. Unter Anderem sind die Identifikation der Akteure und eine Modellierung von Abläufen notwendig [HORN05]. Diese kumulierten Resultate dienen wiederum als Ausgangsbasis für die Konzeption.

Die Beurteilung der Wirtschaftlichkeit des Integrationsprojekts ist ein weiterer wichtiger und zugleich schwieriger Aspekt in dieser Phase [VLAC05, 22]. Die Ermittlung des wirtschaftlichen Potentials in der Informationsverarbeitung allgemein und insbesondere bei Integrationsvorhaben ist aufgrund von zahlreichen Hindernissen und Beschränkungen sehr anspruchsvoll. Zu den wesentlichen Problemen zählen hierbei [KAIB02, 37-39]:

- **Maßgrößenproblematik:**
    Das Auffinden geeigneter Maßgrößen ist durch fehlende Möglichkeiten zur quantitativen Messung (z.B. bei Mitarbeiterzufriedenheit), Ungewissheit der zukünftigen Entwicklungen bei Investitionsentscheidungen und Unsicherheit sowie mangelnder Exaktheit der verfügbaren Informationen relativ schwierig.

- **Verbundproblematik:**

  Verbund- und Synergieeffekte sind schwer abschätzbar oder erst durch nachfolgende Vorhaben messbar.

- **Zurechnungsproblematik:**

  Zeitliche Verzögerungen und räumliche Verteilungen zwischen Leistungs- und Kostenelementen erschweren eine genaue Messung.

- **Innovationsproblematik:**

  Potentielle Nutzeffekte von neuen Technologien lassen sich oft nur ex post, also erst im Nachhinein messen.

- **Ganzheitlichkeitsproblematik:**

  Der Nutzengewinn des Einsatz von IT-Systemen lässt sich nicht isoliert, sondern nur durch dadurch unterstützte Aufgaben betrachten. Die Auswirkungen auf Personen, Organisation und Technik müssen daher ganzheitlich bewertet werden.

In der Regel werden in der Praxis verschiedene Verfahren kombiniert um der aufgezeigten Problemstellung zu begegnen und sowohl direkte Wirkungen als auch indirekte Effekte vollständig und methodisch zu bewerten [KAIB02, 40-42].

3.3   Konzeption

Grobkonzepterstellung, Definition der Sollprozesse und technische Grobstrukturausarbeitung gehören zu der *Konzeption*-Phase. Hier kann auf vorgefertigte Referenzarchitekturmodelle zurückgegriffen werden [KELL02, 43]. Im weiteren Verlauf der Phase werden die Sollprozesse zu einem technisch-organisatorischen Gesamtgrobkonzept unter der Beachtung der Resultate aller vorangegangener Phasen gefasst.

Nach der Erstellung eines Gesamtgroßkonzeptes müssen Entscheidungen zu in Frage kommenden Technologien und Umsetzungsvarianten getroffen werden. Die wichtigsten Fragestellungen bezüglich der Technologien betreffen die Auswahl der Integrationsmethoden und die Auswahl der Integrationstopologie.

3.3.1 Integrationsmethoden

Die Wahl der Integrationsmethode legt fest wie Anwendungen integriert werden sollen, indem sie die Eigenschaften und die Mechanismen der Integrationslösung definieren. Sie ist abhängig von dem Integrationsziel an sich, den im Unternehmen verwendeten Technologien sowie den Fähigkeiten und Kompetenzen des IT-Personals. Jede einzelne Methode unterscheidet sich durch die Komplexität der jeweiligen Durchführung, Widerverwendbarkeit der Lösung und das dazu notwendige Expertenwissen [KAIB02, 61; KELL02, 30f.].

In der Fachliteratur am häufigsten beschriebenen Methoden basieren auf der dreischichtigen Anwendungsarchitektur, die aus drei Ebenen besteht. Diese drei Ebenen sind: Präsentations-, Applikations- und Datenebene.

➢ **Integration über die Präsentationsebene:**

Bei dieser Methode wird über bereits existierende Benutzerschnittstellen eine neue aufgesetzt, die die Funktionalitäten aus den alten Benutzungsoberflächen verwendet und einheitlich aufbereitet präsentiert [KELL02, 61; KAIB02, 62f.].

➢ **Integration über Applikationsebene:**

Hierbei werden Funktionalitäten aus einer Applikation über Funktionsaufrufe in anderen Applikationen abgerufen [KELL02, 66; HOLZ05, 3-7]

➢ **Integration über Datenebene:**

Der Grundgedanke dieser Methode geht von Applikationen aus, die auf Daten aus applikationsfremden Datenbeständen über eine virtuelle Datenbank zugreifen [KELL02, 67].

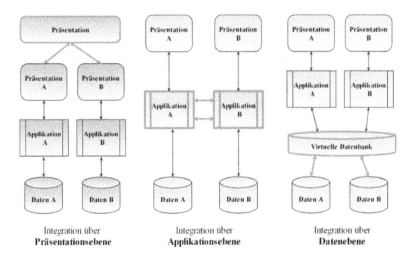

Abbildung 4 – Übersicht Integrationsmethoden

3.3.2 Integrationstopologie

Wie in 2.4 bereits erläutert, zielt EAI u. a. vor allem auf die Reduktion von Schnittstellen. Dies setzt das Vorhandensein einer zentralen Instanz voraus, die die Verbindung zu allen anderen Systemen herstellt. Es existieren zwei Alternativen, um diese Prämisse umzusetzen [KAIB02, 85-87]:

➤ „Hub & Spoke"-Architektur:
Die Informationen einzelner Anwendungen werden bei diesem Modell über eine zentrale Drehscheibe empfangen, transformiert und weitergeleitet [HORN05; LINT00, 314f.].

➤ Informationsbus (Verteilte Architektur):
Beim Bus-Konzept werden die Daten einzelner Applikationen über eine gemeinsame Datenleitung ausgetauscht. Die Nachrichtentransformation wird verteilt von den verbundenen Funktionseinheiten dezentral verwaltet [LINT00, 315f; KAIB02, 87].

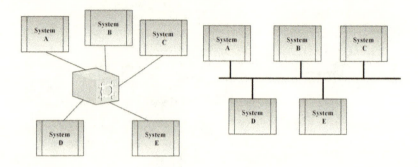

Hub & Spoke-Architektur   **Informationsbus (verteilte Architektur)**

Abbildung 5 – Integrationstopologien [HORN05]

3.3.3   Umsetzungsvarianten – „Make or Buy?"

Die Entscheidung für eine selbst erstellte Lösung hängt sowohl vom Zeitrahmen, dem verfügbaren Budget als auch von den Umsetzungsfähigkeiten bzw. den Kompetenzen der IT-Abteilung eines Unternehmens ab [WINK00, 39].

Ist die Eigenbaulösung ausgeschlossen, muss ein geeigneter Anbieter gefunden werden. Bei der Auswahl des Anbieters gibt es einige Kriterien, die beachtet werden müssen. So müssen strategische Aspekte wie Referenzkunden, Servicequalität, Lizenzkosten und natürlich die Zukunftssicherheit aller Kandidaten berücksichtigt und beurteilt werden. Dabei sind Informationen von Marktforschungsinstituten wie Gartner, GIGA oder AMR Research oft hilfreich. Gartner Group stellt z.B. die größten Anbieter in einem sog. „Magic Quadrant" in einer Übersicht (abhängig von dem Vollständigkeit der Konzeption und der Umsetzungsfähigkeit) dar, die die Bewertung der Kandidaten visualisiert [KELL02, 57; KAIB02, 145].

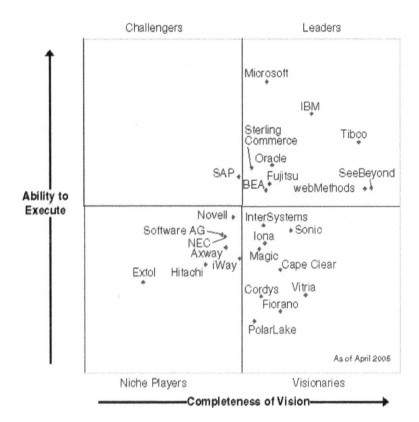

Abbildung 6 – Magic Quadrant for Integration Backbone Software, 1H05 (Gartner Group, April 2005) [SCHU05]

Bei der Betrachtung des Lösungsproduktes muss ebenfalls kriterienbezogen vorgegangen werden. Zahlreiche Elemente wie Transaktionssicherheit, Skalierbarkeit (Erweiterbarkeit bei Leistungsgrenzen), Konfigurierbarkeit, Adaptervielfalt, Benutzerfreundlichkeit, Monitoringfähigkeiten (Überwachung des Zustands und der Aktivitäten), Performance und Zuverlässigkeit gilt es zu berücksichtigen [KAIB02, 127].

3.4 Realisierung

Die eigentliche Realisierung erfordert ein funktionierendes Projektmanagement, das die Koordination und die Qualitätssicherung der technologischen Umsetzung überwacht und steuert [VLAC05, 25].

Bereits bei der Realisierung müssen die Wartung und das System-Management mit entsprechenden Verantwortlichkeiten und Werkzeugen festgelegt werden [KAIB02, 128]. Des Weiteren müssen die Miteinbeziehung bei der Implementierung und die Schulung der Mitarbeiter bzw. der Systembenutzer gewährleistet sein. Das abschließende Testen der neuen Systemstruktur bildet einen der wichtigsten Aspekte der *Realisierung*-Phase und sollte nicht unterschätzt werden.

4   Entscheidungsfrage: Plattform oder Best of Breed?

Die Frage, ob eine Kombination der jeweils besten Softwareprodukte für entsprechende Teilgebiete nach dem Best-of-Breed-Prinzip oder doch eher eine monolithische Plattform besser ist, stellt sich sowohl bei der Entscheidung für eine EAI-Lösung als auch bei allen anderen Installationen von Softwareunterstützungsmaßnamen. Dabei können unterschiedliche Aspekte für die Entscheidung ausschlaggebend sein.

➢ **Funktionalität:**

Speziallösungen bieten auf ihrem eigenen Gebiet natürlich die optimal abgestimmten Funktionalitäten, die bei einem Standardprodukt nur durch aufwendiges Customizing erreicht werden können oder erst nachprogrammiert werden müssen, weil sie gar nicht angeboten werden.

➢ **Risiko:**

Die Verwendung der Lösung „aus einer Hand" macht den Nutzer abhängig von dieser – zusammengesetzte Einzelkomponentenprodukte verteilen dagegen das Risiko auf mehrere Anbieter und mindern zugleich die Abhängigkeit von einem Anbieter [O.V.05, 3].

➢ **Schnittstellen:**

Bei einer Gesamtlösung wird die Aufgabe der Sicherstellung des Datenaustauschs bzw. der Kommunikation auf den Lieferanten dieses Produktes überwälzt. Wer Best-of-Breed praktiziert, muss sich selbst darum kümmern oder Externe beauftragen [WINK00, 39].

➢ **Releasewechsel:**

Software ist zu keinem Zeitpunkt perfekt bzw. makellos und muss deshalb permanent aktuell gehalten werden. Der Wartungsaufwand für Updates oder Patches ist bei einem Gesamtpaket im Vergleich geringer und somit kostengünstiger [O.V.05, 2].

➤ **Benutzeroberfläche:**

Die Nutzung unterschiedlichster Systeme von verschiedenen Anbietern ist verbunden mit Umstellungen für den Benutzer, der für die jeweiligen Interfaces geschult werden muss. Weiterhin sind Fehler und Zeitverschwendung für das Umdenken beim Wechsel der Oberfläche nicht ausgeschlossen [O.V.05, 2].

➤ **Datenhaltung:**

Nicht aufeinander angepasste Produkte und Anwendungssysteme greifen nur auf eigene Daten zu und führen zwangsläufig zu Redundanzen im unternehmensweiten Datenbestand, die unter Umständen wiederum Inkonsistenzen nach sich ziehen können [WINK00, 33].

Best-of-Breed

n x Installation
n x Releasewechsel
n x Schnittstellen
n x Ausbildung
n x Datenübernahme
n x Rollouts

Gesamtlösung

1 x Installation
1 x Releasewechsel
0 x Schnittstellen
1 x Ausbildung
1 x Datenübernahme
1 x Rollout

Abbildung 7 – Best-of-Breed versus Gesamtlösung [O.V.05, 3]

Der Einsatz von Plattformen „aus einem Guss" scheint sinnvoller zu sein, weil die Vorteile hier (oberflächlich gesehen auf den ersten Blick) überwiegen. Dennoch kann diese Aussage nicht pauschal für alle Unternehmen gelten und erfordert daher eine individuelle Betrachtung der Argumente. Aus strategischer Sicht begünstigen EAI-Produkte an sich den Einsatz von Best-of-Breed-Komponenten, weil Anbindungsschnittstellen minimiert sind [WINK00, 31]. Plattformen und Einzellösungen schließen sich aber keineswegs gegenseitig aus und können durchaus in Kombination eingesetzt werden.

Abbildungsverzeichnis

Quellenverzeichnis

[BERN05]   Bernotat, Jens; Scherdin Alexander: Enterprise Application Integration
            – Der Schlüssel zu flexiblen IT-Landschaften. In
            http://www.digitaltransformation.mckinsey.de/pdf/2780408_digital_tra
            nsformation_modul3_eai.pdf, Abruf am 15.11.2005

[DANG02]   Dangelmaier, Wilhelm; Lessing, Hagen; Pape, Ulrich et. al.:
            Klassifikation von EAI-Systemen. In HMD – Praxis der
            Wirtschaftsinformatik 225 (Juni 2002), S. 61-71

[HOLZ05]   Holzinger, Rudolf: EAI – die zentrale Rolle der Middelware:
            Komponenten vs. Monolithen. In http://www.it-
            verlag.de/nc/itf/art/ART_200304.pdf, Abruf am 15.11.2005

[HORN05]   Horn, Thorsten: EAI Enterprise Application Integration TechDoc. In
            http://www.torsten-horn.de/techdocs/eai.htm, Abruf am 15.11.2005

[KAIB02]   Kaib, Michael: Enterprise Application Integration: Grundlagen,
            Integrationsprodukte, Anwendungsbeispiele. Deutscher Universitäts-
            Verlag, Wiesbaden 2002

[KELL02]   Keller, Wolfgang: Enterprise Application Integration: Erfahrungen aus
            der Praxis. dpunkt-Verlag, Heidelberg 2002

[LINT00]   Linthicum, David S.: Enterprise Application Integration. Addison-
            Wesley, München 2000

[O.V.05]   o. V: Was bringt BOB? In http://www.competence-
            site.de/itmanagement.nsf/ACB55B9BFB4F8BE1C1256EC2004361DA/
            $File/best_of_breed.pdf, Abruf am 17.11.2005

[SCHU05]   Schulte, W. Roy; Thompson, Jess; Natis, Yefim V. et al.: Magic
            Quadrant for Integration Backbone Software, 1H05. In
            http://mediaproducts.gartner.com/reprints/seebeyond/127186.html,
            Abruf am 15.11.2005

[WINK00]　　Winkeler, Thomas; Raupach, Ernst; Wesphal, Lothar: EAI – Enterprise Application Integration. PwC Deutsche Revision, Frankfurt am Main 2000

[VLAC05]　　Vlachakis, Joannis; Kirchhof, Anja; Gurzki, Thosten: Marktübersicht Portalsoftware 2005. Frauenhofer IRB Verlag, Stuttgart 2005